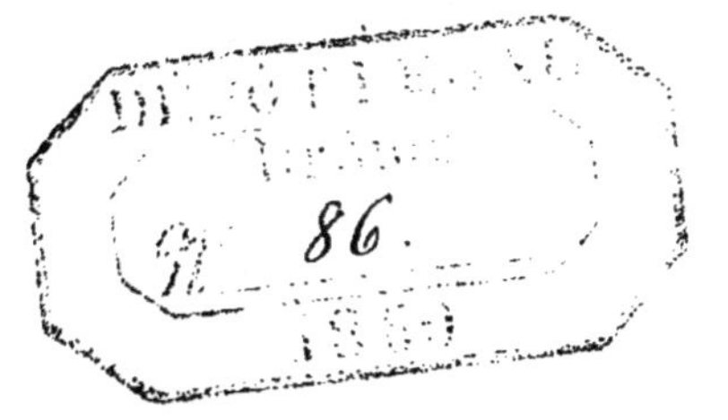

NOTICE HISTORIQUE

SUR

SUZE - LA - ROUSSE

(DRÔME)

NOTICE HISTORIQUE

SUR

SUZE-LA-ROUSSE

(DRÔME)

PAR L'ABBÉ A. VINCENT

Membre de l'institut historique de France
et correspondant du Ministre de l'instruction publique
pour les travaux historiques

PUBLIÉE

SOUS LE PATRONAGE DE M. LE PRÉFET
ET DE MM. LES MEMBRES DU CONSEIL GÉNÉRAL
DE LA DROME

———————

VALENCE

IMPRIMERIE DE E. MARC AUREL
Rue de l'Université, 9

———

1860

NOTICE HISTORIQUE

SUR

SUZE - LA - ROUSSE

(DRÔME)

Les villes riches et opulentes ont été jusqu'ici
l'objet presque exclusif des méditations du savant
et de l'économiste. Pourquoi dédaigner le modeste
village assis en un coin solitaire et ignoré? Ne ré-
vèle-t-il pas, lui aussi, de véritables trésors attendant l'investigation de l'archéologue, du chroniqueur et de l'artiste? Là souvent de beaux
vestiges, derniers survivants d'une époque éloignée, des sites pittoresques, des ruines inconnues sollicitent la curiosité, jettent l'âme re-
cueillie en de douces rêveries et lui font éprou-
ver un sentiment de paix et de quiétude que ne
saurait donner le spectacle de ces vastes centres
de population se mouvant et s'agitant pour des
intérêts matériels. L'annalyste en quête des souvenirs épars çà et là dans les campagnes n'arri-
vera pas, il est vrai, aux faveurs de la renom-
mée ; car l'obscurité des lieux dont il compose
l'histoire semble devoir entourer son œuvre et
empêcher la gloire de pénétrer jusqu'à lui ; mais
en soulevant un coin du voile qui nous dérobe
l'existence et les institutions de la vieille société,

il aura réveillé l'amour du pays natal par le récit d'événements à peine soupçonnés ; il aura mis en lumière la vie, les mœurs et les vicissitudes des aïeux, coordonné les traditions du foyer souvent confuses et restitué à une commune, aujourd'hui sans éclat et sans animation, sa part de l'héritage du passé.

Quelque restreint que soit le théâtre où s'exerce l'histoire locale, on ne saurait le nier, elle a pour les générations présentes, des enseignements, des secrets à évoquer, des personnages à mettre en scène et une mission utile à remplir. En Dauphiné, il n'est pas de château de bourgs, d'églises qui, laborieusement étudiés, ne puissent apporter une révélation sur les âges qu'ils ont traversés. Malgré la rareté des documents et l'absence complète de faits propres à émouvoir et à saisir l'esprit, la monographie de Suze-la-Rousse apparaît comme un champ à explorer et d'où peuvent sortir de rares trésors accumulés par les révolutions et les siècles. Devant une nudité plutôt apparente que réelle, le découragement vient d'abord au cœur, mais en fouillant, en creusant, l'espoir se ranime et de précieuses découvertes feront bientôt oublier un moment de défaillance.

Suze est désigné par les mots *castrum de Suzâ* ou ceux d'*oppidum de Suzâ*, qualification ancienne qui réveille à la fois l'idée d'un lieu fortifié et d'une juridiction embrassant un territoire connu et limité. Son origine postérieure à la domination romaine dans les Gaules, ne remonte point au-delà de la seconde période du moyen-âge ; elle est née d'un besoin impérieux, celui d'une protection efficace contre le pillage et l'anarchie.

Aux invasions des Barbares, si fréquentes depuis le quatrième siècle jusqu'au dixième, avait succédé le brigandage des hommes de guerre ; le meurtre, l'incendie et la dévastation faisaient fuir les colons en des lieux écartés ; ils allaient éperdus demander un refuge aux forêts et aux antres des montagnes. Mais lorsque pour défendre leurs domaines menacés par des voisins jaloux, les feudataires, les comtes et les barons eurent couvert de châteaux-forts les points culminants des terres soumises à leur gouvernement ou régies à titre de bénéfices militaires, l'émigration des champs devint plus sûre et plus régulière ; elle se porta vers ces coteaux, vers ces mamelons couronnés d'un donjon ; et aux pieds de la forteresse où résidait le seigneur, accoururent des familles entières, abdiquant une liberté pour elles trop semée de périls ; en échange de leur indépendance, elles obtinrent un appui d'où émana une condition plus douce et d'année en année s'améliorant.

La fondation de Suze se rattache donc à la décadence de l'empire de Charlemagne ou au morcellement du second royaume de Bourgogne composé de la Provence, du Dauphiné, du Lyonnais et de la Franche-Comté. Mais si l'histoire a enregistré les causes et les influences qui présidèrent à la naissance de ce bourg, elle n'a point transmis de détails sur le nom et l'administration de ses premiers seigneurs. Le territoire de Suze faisait partie, il est vrai, de la juridiction temporelle des évêques de Trois-Châteaux ; il relevait de leur mouvance en vertu d'une charte de Lothaire, octroyée en 852 et confirmée par d'autres empereurs. Toutefois, cette souveraineté se bornait à l'hommage d'un vassal en jouissance du domaine direct et des droits utiles. Longtemps muets et silencieux, les chroniqueurs signalent enfin l'existence de Suze-la-Rousse ; de leur plume avare et paresseuse s'échappe un trait de lumière qui va nous éclairer sur des destinées jusque-là obscures et cachées ; ils rangent, au douzième siècle, la terre de Suze parmi les nombreux fiefs de la puissante maison de Baux ; quant à l'origine et à la date de cette possession, ils n'ont point eu souci de nous l'apprendre. Un acte de reconnaissance passé en 1272 vient en aide à des conjectures toujours douteuses et incertaines ; il établit sûrement la domination des princes d'Orange, leurs rapports de sujétion à l'encontre des prélats de Saint-Paul et laisse deviner quelle importance avait conquis Suze à travers des siècles agités et quels progrès le caractérisaient depuis sa fondation.

C'était le six des ides de mai ; Reymond de Baux, en présence de la noblesse des environs et de la bourgeoise de la ville réunies en une salle de l'évêché, confessait publiquement tenir et vouloir tenir en fief le château, la forteresse et le bourg de Suze de Bertrand de Clansayes et de ses successeurs dans l'épiscopat. Après cette déclaration d'hommage-lige qui maintenait aux évêques de Trois-Châteaux le pouvoir de mettre leurs armoiries en signe de haut domaine, sur la porte du château de Suze pendant un jour et de requérir de Reymond ou de ses héritiers assistance et secours en temps de guerre et de paix, Bertrand de Clansayes reçut le serment de son vassal dans la forme ordinaire et s'engagea solennellement à ne jamais aliéner, vendre et donner à personne, si ce n'est à l'empereur des Romains, le château et le bourg de Suze. La violation de cet engagement délierait Reymond et ses héritiers de tout hommage et fidélité. Six jours après, Bertrand de Clansayes se rendit à Suze et fit arborer son étendard sur la porte du château. Noble dame Laure, épouse de Reymond, et Bertrand, son fils, approuvèrent la reconnaissance faite au profit du haut domaine des évêques de Saint-Paul. La bulle contenant les détails de cette cérémonie fut dressée et scellée dans une salle du château en présence de trois membres du chapitre, de Pons de Valence, recteur de Chamaret, de noble Hugues de Suze, chevalier; de Pierre Janssent, docteur en droit; de Hugues de Suze, damoiseau, et d'un grand nombre de personnes de qualité (1).

Cet acte, dont j'ai seulement transcrit les principales dispositions, remonte à l'an 1272; sa valeur au point de vue de l'histoire de Suze n'a pas besoin de commentaire; il témoigne à cette époque éloignée de nous, de l'existence d'un château-fort, d'un bourg, d'un mandement et d'une population étroitement liée au prince d'Orange. La communauté est déjà constituée; elle a une vie propre, son territoire et tous les droits inhérents, par la force des choses, à une agrégation d'individus vivant dans la même sphère, soumis aux mêmes devoirs, aux mêmes épreuves et courbés sous le même joug.

(1) *Histoire de l'église de Saint-Paul*, par Boyer de Sainte-Marthe, pag. 105 et 105.

1*

Une organisation relativement si complète, si avancée ne pouvait être le fruit d'un décret; le château et le bourg, champignons d'une nouvelle espèce, n'étaient point surgis tout-à-coup d'un sol couvert de bois. Pour se rendre compte de cet état de choses, il faut assigner une large part à l'action des années et le faire précéder d'un enfantement douloureux et d'un travail longtemps secret. Suze n'apparaît sur la scène que vers le treizième siècle ; mais comme il s'y produit tout d'abord avec le développement, la force virile et la stature d'un chevalier armé et bardé de fer, on peut en induire qu'il avait une origine beaucoup antérieure à l'époque où se manifestait le premier signe de sa vie politique et sociale.

Par leur rang, par leurs alliances et l'étendue de leurs domaines, les de Baux se trouvaient mêlés à toutes les querelles qui s'élevaient dans la Provence et le Comtat. Vaincus, ils se relevaient promptement ; vainqueurs, ils déployaient une magnanimité dont l'éclat rehaussait un nom environné du triple prestige de la puissance, de la valeur et de la gloire. Enchaîné à leur fortune, Suze passait de l'aisance à la misère et de l'agitation à des jours meilleurs ; plus d'une fois ses campagnes furent envahies et pillées; plus d'une fois l'ennemi, campé devant ses murs, le réduisit aux angoisses de la famine et d'une prise d'assaut. En 1574, il devint encore le théâtre et la victime d'une lutte opiniâtre dans laquelle une partie de la noblesse du Comtat avait pris parti contre Bertrand de Baux. Celui-ci brave l'orage et à la tête de vaillantes milices façonnées aux périls et aux émotions des combats, il enlève plusieurs places à ses adversaires ; mais l'ennemi abandonnant des villages qu'il n'avait pas su lui disputer transporte les hostilités sur les terres du fougueux prince d'Orange. Gigondas, Suze et Jonquières sont bientôt le point de mire vers lequel converge une vengeance non assoupie. Malgré le courage de ses habitants, malgré la force et l'épaisseur des remparts témoins de leur bravoure et de leur héroïque attachement aux intérêts de la maison de Baux, Suze est emporté et livré aux fureurs d'une soldatesque avide de sang et de butin (1).

Sensible à la perte qu'il venait d'essuyer, Bertrand ne tarde point à recouvrer un bourg par lui regardé comme le plus beau joyau de sa couronne. Les loisirs d'une paix réclamée de tous, il les fit tourner au profit de vassaux ruinés et appauvris. Suze reprit un aspect d'animation et de bien-être qui révélait de fécondes ressources. Pendant l'année 1592 s'accomplit une alliance dont les suites allaient modifier ses destinées au point de vue de la juridiction féodale. Marguerite de Baux épousait Hugues Saluces, seigneur de Montja, et lui apportait en dot la belle terre de Suze. Des documents contemporains désignent la riche héritière sous le nom de Marguerite *la rousse*. N'est-ce pas à sa noble et haute châtelaine que Suze a emprunté l'épithète distinctive qui pare son nom primitif ? Il y avait une *Suze la Vieille*, une *Suze la Jeune*; de par les tabellions, il y eut une *Suze*

______

(1) *Histoire de la noblesse du Comtat*, par Pithon-Curt.

la Rousse. Cette qualification est aujourd'hui conservée dans le style administratif, mais dépouillée de tout souvenir et de toute poésie (1).

Marguerite-la-Rousse et Hugues de Saluces n'eurent qu'un enfant ; Antoinette de Saluces, leur unique rejeton, fut mariée à Henri, baron de Sassenage, mort en 1424 à la bataille de Verneuil. La dame de Suze ne devait pas rester veuve longtemps ; elle était jeune ; les grâces de sa personne et les qualités de son esprit relevées par une opulente fortune suscitèrent autour d'elle de nombreux prétendants. Son choix se porta sur Louis de la Baume, gentilhomme du Dauphiné, l'ami et le compagnon d'armes de son époux ; il lui avait fermé les yeux, et le prince d'Orange lui était redevable de six mille florins, somme considérable d'où pouvaient sortir des procès ruineux. Ces diverses considérations firent pencher la balance en sa faveur ; aussi voyons-nous Antoinette lui offrir sa main en 1426 (2). Tel est le point de départ de cette illustre maison de Suze qui durant quatre cents ans a occupé une si brillante place dans les annales de la Provence, du Comtat et du Dauphiné. Par ses alliances avec les plus anciennes familles des environs, par le nombre et l'étendue des terres soumises à sa juridiction seigneuriale, par les honneurs, les charges et les dignités que remplirent ses membres, elle acquit un ascendant et une célébrité dont le souvenir

(1) *Id.* — *Histoire de la maison de Sassenage*, par Chorier, page 56.

(2) Pithon-Curt, IV. — Archives de la chambre des comptes du Dauphiné.

est impérissable. Suze et ses dépendances, Plaisians, Villefranche, Rochegude, Rousset, Eyrieu, Rochefort et d'autres fiefs d'une valeur secondaire, comme Barbaras, Bauson et l'Estagnol relevaient en tout ou en partie des la Baume et venaient grossir de leurs droits féodaux les revenus déjà très-importants des biens qu'ils possédaient en propre à Suze et dans les mandements voisins. Nés au sein du faste et de l'opulence, les descendants de Louis portèrent leur nom avec éclat, puisant aux traditions du foyer ce noble sentiment de grandeur qui enfante les sublimes actions. Guerriers, prélats, abbés, capitaines, gouverneurs, généraux, ambassadeurs, tous ajoutèrent à la somme de gloire et de vertu léguée par leurs devanciers. Dans le cadre restreint où s'exerce ma tâche, je n'ai point à décrire ici la généalogie des la Baume ; de savants auteurs l'ont composée. Je ne transcrirai de leurs faits et gestes que ce qui a trait à l'histoire de Suze. Leur action sur ce bourg fut celle d'un pouvoir tutélaire et bienfaisant ; suivre cette action, en indiquer les phases et les mouvements serait un travail utile et profitable ; mais elle est cachée et seuls nous la révèlent quelques fragments d'archives échappés à la destruction. Ces débris recueillis et coordonnés par rang de date présenteront encore, malgré de fréquentes lacunes, cet intérêt qui captive l'attention, soutient et anime le patriotisme.

Pour reconnaître des services rendus à sa cause, Louis XI, alors Dauphin, publia à Peyrins, au mois de novembre 1450, des lettres patentes en vertu desquelles il était permis à Louis de la Baume de lever un droit de *tonnage* sur les marchandises qui passaient par le territoire de Suze. Cette faveur onéreuse au commerce entraînait, il faut le dire, l'obligation de protéger les marchands et de tenir en bon état le château et les voies de communications. Etienne de Genevès, évêque de Saint-Paul, protesta contre l'établissement de ce péage, alléguant qu'il n'avait pu être créé sans son autorisation ; c'était un moyen de faire revivre une suzeraineté formellement réservée dans le traité de pariage avec le roi Charles VI. Louis de la Baume avait trop de loyauté pour arguer du fait accompli ; il se déclara vassal et par sa soumission légitima l'exercice du privilége récemment octroyé (1). Le séjour de Louis XI en Dauphiné, sa politique ombrageuse et destructive de l'indépendance de la noblesse, commençaient une période dont l'influence réagit sur nos populations rurales. Aux convulsions du moyen-âge, aux guerres de seigneur à seigneur succédait un état calme, symptôme précurseur de la transformation d'une société qui allait se réjeunir et marcher en des routes inconnues. Comtes, marquis, barons et chevaliers mettent l'épée dans le fourreau et vivent retirés au milieu de leurs terres, embellissant leurs manoirs ou allégeant les charges de leurs tenanciers. S'ils convoquent le ban et l'arrière-ban, s'il revêtent de nouveau leur armure, ce sera pour franchir la frontière et dépenser leur valeur en des contrées lointaines ; mais derrière

(1) Archives de la chambre des comptes. — *Histoire de l'église de Saint-Paul-Trois-Châteaux*, 182.

eux , ils laisseront la paix , gage d'une civilisa-
tion naissante qui aspire à d'autres mœurs et à
d'autres habitudes.

Suze participe , lui aussi , à l'impulsion donnée aux communautés ; il se replie sur lui-
même, développe ses institutions et voit presque
tout un siècle se dérouler, exempt d'agitations
et de secousses intérieures. Seul , un profond
émoi signale le passage des troupes conduites
en Italie sous le règne de Charles VIII , de
Louis XII et de François Ier. Elles butinaient
comme en pays conquis, pillant et rançonnant
villes et bourgs. Le sac de la cathédrale de
Saint-Paul en 1512 rend-il improbable celui des
églises et des campagnes voisines? En dehors de
ces orages grondant un moment, puis laissant
au ciel sa sérénité , les annales de Suze jusqu'à
l'introduction du calvinisme en Dauphiné, sont
vides de faits et témoignent constamment de
cette monotonie qui accompagne le bonheur
et la prospérité. Quoique très-incomplet, l'ex-
posé de son organisation, envisagée à tous les
points de vue, comblera d'immenses lacunes ,
et en reflétant l'image du passé, nous initiera
au mécanisme de l'ancienne société. Un abîme
nous sépare des âges féodaux ; mais au-delà
de cet abîme, il n'y avait pas qu'oppression ,
douleur et tyrannie. Si on s'en approche, le
flambeau de l'histoire à la main , peu à peu se
dissipent les ténèbres amassées par l'ignorance
et la prévention ; nos regards y aperçoivent des
éléments de bien-être et de généreux instincts
luttant avec les passions humaines, ces entraves
de tout progrès, ces ennemis de toutes les épo-
ques.

Suze formait une communauté ayant un conseil, des assemblées générales et des consuls pour gérer ses intérêts et veiller au maintien des franchises municipales. Le châtelain, mandataire du seigneur, jouissait d'attributions qui le plaçaient au-dessus des magistrats élus par le peuple et organes de ses volontés ; il assistait aux réunions des notables, commandait la milice et présidait une cour de justice vulgairement appelée *judicature*. Ce petit tribunal connaissait des causes civiles et criminelles dans l'étendue du mandement de Suze et ressortissait de la sénéchaussée de Montélimar. Il avait un code sommaire dans les dispositions empruntées à la législation des Burgondes excluaient toute procédure et toute lenteur. Les crimes et les délits étaient passibles encore des peines corporelles, des amendes, de la prison et du gibet.

Les redevances, les charges des habitants, les droits perçus à Suze au profit du fisc seigneurial, sont énumérés dans une reconnaissance faite par Guillaume de la Baume. Il déclare retirer annuellement, 1° douze livres de censes diverses ; 2° quatre-vingts gelines, 3° vingt-huit saumées de blé provenant des moulins banaux ; 4° douze saumées de blé du four ; 5° cent saumées du huitain des grains ; 6° cent vingt livres d'une hôtellerie et du péage ; 7° une corvée par chaque bête de somme et par chaque habitant. Vient ensuite le dénombrement des fiefs situés dans le mandement et non annexés à la baronie de Suze, quoique appartenant à la même famille (1). Le plus ancien avait nom

(1) Archives de la chambre des comptes.

Barbaras (1) ; c'était une riche métairie à laquelle était attachée une juridiction spéciale et distinguée embrassant les terres qui en dépendaient. Elle fut cédée en 1210 à Guillaume de Baux par le comte de Toulouse, sous la réserve de l'hommage ; le haut domaine passa à Philippe-le-Bel et de ce prince à la cour de Rome ; la coexistence d'un autre fief homonyme, près de Courtaison, répand sur l'histoire de *Barbaras* une obscurité dont il n'est pas toujours facile de triompher. Incorporé à l'apanage de la maison de Suze, *Barbaras* resta tributaire de la dîme en faveur des évêques de Saint-Paul, d'après un traité conclu en 1259 par Fédide, fille de Reymond de Baux, et abbesse du monastère de Bouchet. Non loin des bâtiments d'exploitation, s'élevait une chapelle dédiée en l'honneur de Saint-Queuin, évêque de Vaison. Là fut convoquée aux derniers jours de l'an 1043 une assemblée qui eut un grand retentissement sous le nom de concile de *Barbaras* ; elle se composait de plusieurs archevêques et évêques réunis pour sanctionner, approuver et régler les donations faites par Guillaume III, comte de Provence. On y vit figurer avec tout l'éclat de leur rang et de leur dignité, Raimbaud, archevêque d'Arles ; Hismidion, archevêque d'Embrun ; Pierre, archevêque d'Aix ; Etienne, évêque d'Apt ; Franc, évêque de Carpentras ; Pierre de Mirabel, évêque de Vaison ; Oldéric, évêque de Trois-Châteaux ; Bérenger-Miro et Rostaing, vicomtes ; Guil-

(1) Situé sur la commune de Suze et en partie sur celle de Bouchet.

laume et Geoffrey, fils du comte de Provence ;
Volverard , chevalier d'Arles ; Guillaume de
Venasque et Bernard Gautelme (1).

Quoique reléguée sur un plan inférieur, la
seigneurie de l'Estagnol avait aussi pour elle
le prestige d'une origine ancienne et marquée
du sceau des siècles. Elle était formée d'un château , d'un village et d'une vaste forêt dont la
jouissance fut longtemps un objet de litige entre
des pouvoir rivaux. Reymond de Baux donna
l'Estagnol au monastère de Bouchet en 1238,
époque où Fédide en était abbesse ; mais les
Albigeois ayant détruit et brûlé cette maison ,
tous ses biens et toutes ses dépendances, y com-
pris l'Estagnol, passèrent aux moines d'Aigue-
belle et demeurèrent en leur possession jusqu'en
1480. Le pape Sixte IV, fondant le collége de
Saint-Pierre-du-Roure à Avignon , détacha l'Estagnol du domaine des religieux de la Trappe
et l'affecta à l'entretien de cet établissement aux
droits duquel succéda la famille de Suze. La
faculté de bûcherer réclamée par les évêques de
Saint-Paul devint l'objet d'une transaction en
1525. Bertrand Rabot, conseiller au parlement
de Grenoble , maintint aux prélats suzerains le
droit de bûcherage soit à l'Estagnol , soit à Lé-
ron , soit à Bois-Bâtard et à Gravenières (2).

Morcelé et divisé en seigneurie, le territoire
de Suze ne présentait point un corps compact et

(1) Pithon-Curt. — *Histoire de Saint-Paul*, 93 et
184 — *Histoire de l'église de Vaison*, par Boyer de
Sainte-Marthe , pages 87 et 88.

(2) Archives de la chambre des comptes. — *Histoire de
Saint-Paul*, page 93. — *Gallia christiana*, tome I , 740.

recevant son impulsion d'un centre unique. Il
en était de même au point de vue ecclésiastique ;
des prieurés, des chapelles , des oratoires épars
dans le mandement attestaient la puissance et
la fécondité d'un élément qui se prêtait à toutes
les exigences d'une société variable dans ses
formes et ses conditions d'existence. Marchant à
la suite de la barbarie pour l'adoucir et la
civiliser, la religion avait planté sa bannière à
côté du donjon féodal, trop souvent le symbole
de la force , de la violence et de l'oppression ; à
sa voix , le tyran se faisait humble et petit ; à
sa voix , le tenancier penché vers la glèbe levait
la tête et espérait. Les campagnes incultes se
couvraient de moissons ; la joie pénétrait en
chaque foyer avec les pompes et les solennités
chrétiennes et partout elle s'acquittait d'une
double mission , initier l'homme aux lumières
de la foi et le façonner aux travaux des champs.
C'est à la présence et aux laborieux efforts
des enfants de saint Benoît qu'il faut attribuer
le défrichement du sol et la création de deux
prieurés à Suze. Attirés par la pieuse sollicitude
et les libéralités des princes d'Orange , ils s'éta-
blirent aux pieds mêmes du château et fondèrent
là une colonie affiliée à l'ordre de Cluny. Elle
eut bientôt une église, et au nord de cette église
un cloître et tous les bâtiments appropriés aux
habitudes de la vie monacale. Si on interroge
les archives et les cartulaires sur l'origine de
cette maison et les phases qu'elle a traversées ,
on ne trouve rien qui puisse éclairer ou satisfaire la curiosité. Un style à la fois simple et
majestueux caractérisait l'église en rappelant
les édifices d'architecture romane construits dans

le onzième ou le douzième siècle. L'intérieur était composé d'une seule nef peu en rapport avec le nombre des habitants ; mais il rachetait l'étroitesse de ses dimensions et la nudité de ses murs dépourvus de toute sculpture par l'éclat des cérémonies religieuses , la splendeur de la chapelle de Saint-Antoine-de-Padoue et l'agencement de celle de Saint-Sébastien, qu'une confrérie de ce nom avait largement dotée. Le prieuré étant tombé en commende , cette modification donna lieu à de graves inconvénients qui aboutirent à une création de la paroisse en cure sous Amédée de la Baume, prieur de Suze et en même temps protonotaire apostolique ; impuissant à remplir désormais tous les devoirs de sa charge d'âmes, il pria l'évêque de Saint-Paul de lui substituer un vicaire perpétuel ou curé pour l'aider à administrer les sacréments. Une portion congrue prise sur les dîmes du bénéfice fut assurée au nouveau titulaire nommé en 1519. Ses successeurs, depuis cette époque , ont constamment été présentés à l'Ordinaire par des prieurs séculiers exempts de la résidence (1).

Fidèle aux traditions de générosité puisées au sein de sa famille , Amédée de la Baume n'avait point voulu que les intérêts religieux eussent à souffrir de sa position. La paroisse lui devait encore cette élégante chapelle de forme ogivale qui adhérait à l'église et la longeait au nord (2). Du même côté et sur l'emplace-

(1) *Histoire de Saint-Paul*, 211. — Archives de la chambre des comptes.

(2) Elle était sous le vocable de saint Jean-Baptiste

ment de l'ancien cloître , il fit édifier un presbytère dont la richesse architecturale publiait
un goût éclairé doublé d'une munificence prin-
cière.

Loin du bourg existait un autre établissement de bénédictins ; il était assis aux bords du
Lez, et prospérait, caché en un massif de
chênes verts. D'abord simple maison d'exploitation, il fut agrandi de bâtiments propres à
recevoir deux ou trois religieux ; mais le nombre croissant des tenanciers groupés autour de
la métairie révéla bientôt à ces moines agri-
culteurs la nécessité d'une église où ils pour-
raient chanter les heures canoniales et assurer
le bénéfice de l'assistance au service divin ,
à une population qui tenait d'eux le pain
matériel. Elle reçut le vocable de saint Torquat
en souvenir d'un pontife vénéré dans la contrée
et devint insensiblement le noyau d'une seconde
paroisse. Le prieuré de Saint-Torquat apparte-
nait aux Bénédictins du Pont-Saint-Esprit ; son
origine, commune à tous les prieurés ruraux ,
témoigne hautement de la salutaire influence
qu'exercèrent les religieux au moyen - âge.
Hommes d'étude, de travail et de prière , ils
conservaient le dépôt des lettres et des sciences
profanes, changeaient l'aspect de nos campagnes, bâtissaient des églises , ouvraient des che-
mins et faisaient partout rayonner autour d'eux
la vie, la lumière, le bien-être et l'animation (1).

Il y avait encore épars çà et là plusieurs
oratoires dont une légende racontait la mysté-

____

(1) Pouillé général des abbayes de France.

rieuse origine. Termes de pélerinages souvent
renouvelés ou lieux de haltes pour de lointaines
processions, ils étaient ornés à l'intérieur d'of-
frandes et d'*ex-voto* qui témoignaient d'une con-
fiance bénie du ciel. Pâtres, manants et labou-
reurs marchaient recueillis à la suite de la
bannière et allaient demander au patron du
hameau la délivrance d'un fléau ou de tièdes
ondées pour leurs champs desséchés. Parmi ces
chapelles rurales visitées avec tant d'empressement, aux jours des épreuves et des calamités,
il faut ranger celle de Saint-Sauveur ; elle était
située au couchant, en un quartier solitaire et
désert. Plus loin, vers la partie méridionale du
territoire, s'élevait une autre chapelle entourée
d'un village, et portant le vocable de saint
Bach, ce glorieux martyr déjà honoré d'un
culte particulier dans l'église paroissiale de
Suze. Des lampes, des médailles frappées à
l'effigie des empereurs romains, des fragments
de marbre, des briques à crochet, qui, de
nos jours, ont été découverts prouvent évidem-
ment l'existence, à Saint-Bach, d'un prieuré
florissant et contemporain des premiers âges
de la vie monastique dans les Gaules. Debout
sur la route de Sainte-Cécile et environnée
d'un cimetière, marque certaine de la juridiction de son titulaire, l'église de Sainte-Lucie proclamait de son côté la munificence et la
pieuse sollicitude d'un haut et puissant seigneur. Elle formait un bénéfice uni au prieuré
de Condorcet et par là même soumis à la con-
grégation de Cluny (1).

(1) Pouillé général des abbayes de France.

Si la multiplicité des établissements religieux accusait à Suze les aspirations d'une époque éminemment chrétienne, l'aspect de ce bourg portait aussi l'empreinte d'une société toujours armée et toujours sur le qui-vive. Il était bâti en emphithéâtre et ceint de murailles crénelées, flanquées de tours massives et colossales. Là des fossés profonds ; ici le Lez (1), torrent fougueux et emporté, défendaient encore une position déjà forte par les accidents du sol. Trois portes que protégeaient des machicoulis, des barbacanes et des ponts-levis donnaient accès dans la place ; l'intérieur était sillonné de rues étroites et tortueuses dont le nom se rattachait à des professions ou à des circonstances locales. Telles étaient les rues du *Foulon*, de l'*Armurier*, des *Remparts*, du *Four* et du *Château*. Au sommet se dressait un château de proportions gigantesques et réunissant toutes les conditions d'une citadelle imprenable. C'était un ensemble de tours hérissées de créneaux se groupant autour d'un donjon principal, accessible seulement du côté occidental du mamelon contre lequel s'étageaient les maisons de Suze ; mais là aussi avaient été déployés les divers engins de l'art militaire.

La vue de ce monument n'offrait pas aux regards l'harmonie d'une œuvre émanée d'une conception unique. Chaque siècle y avait déposé ses inspirations et ses formes architecturales. Naguère un incendie, provoqué par l'explosion de la poudrière, en dévorait la partie centrale. A Rostaing de Suze, évêque d'Orange, mort

(1) *Lycia, Ycia* dans les actes du douzième siècle.

en 1555, il devait le recouvrement de son ancienne splendeur. La restauration des pièces calcinées et endommagées sous l'action d'un élément si puissant à détruire révélait le caractère et les grâces du style de la renaissance; mais les modifications n'ayant eu lieu qu'à l'intérieur, le château conservait, au dehors, son cachet primitif et tous les traits de sa physyonomie guerrière et féodale (1).

A l'abri d'un coup de main et confiante en la valeur des hommes d'armes qui veillaient sur les plates-formes du château, la population jouissait d'une sécurité rarement troublée. Active et laborieuse, elle se vouait presque exclusivement aux travaux des champs. L'industrie cependant ne lui était point étrangère; des fabriques de drap, des foulons, des fours-à-chaux, la confection du charbon et une magnifique verrerie établie en 1525 dans les forêts de l'Estagnol, témoignaient de l'extension donnée aux intérêts matériels et venaient accroître le bien-être général (2).

Avec son organisation, telle que l'avait faite le moyen-âge, avec un territoire dont le sol se prêtait à la culture la plus variée, avec le généreux concours des la Baume et l'influence d'une paix durable et assurée, la communauté de Suze semblait enrayée dans la voix de la prospérité. Elle eut pu réaliser d'utiles améliorations, agrandir la sphère de son activité et parer à des besoins nouveaux; mais l'avenir et un avenir prochain devait imposer un long

(1) Pithon-Curt.

(2) Archives de la chambre des comptes.

temps d'arrêt à ce mouvement de régénération qui l'emportait. Déjà clandestinement répandu, le calvinisme levait la tête en 1560 et armait ses partisans ; ils s'emparent de quelques villes du Dauphiné, saccagent les monastères et dévastent les campagnes. Des ruines, du sang et puis des ruines encore, telles furent les premières assises de l'établissement des huguenots ; et ils se disaient envoyés de Dieu pour réformer son Eglise ? Ces ennemis de tout pouvoir, qu'il s'appelât royauté ou papauté, une coterie politique les enrôla sous son drapeau, leur donna des chefs habiles et les fit servir à l'accomplissement de ses projets ambitieux. Là résidait leur force, là est l'explication de leurs succès et de leurs conquêtes. En face d'un parti qui brûlait les abbayes, massacrait les prêtres et voulait abolir le culte des aïeux, chaque bourg répare ses murs de clôture, organise une défense et se transforme en place de guerre. De son côté, la noblesse lève des troupes, tient tête aux rebelles et pendant une lutte de quarante ans déploie une valeur et un héroïsme dont le souvenir s'est perpétué jusqu'à nous, transmis par la légende ou les traditions du foyer. Parmi les noms inscrits aux annales de la fidélité, brilla entre tous celui du seigneur de Suze. François de la Baume eut à combattre Montbrun, le baron des Adrets et Lesdiguières, ces trois illustres personnifications d'un courage greffé sur le fanatisme et l'hérésie ; le théâtre de ses exploits fut le Comtat et le bas Valentinois.

Nos plus humbles villages ont eu leur part d'action dans les événements qui se déroulaient ;

pris , repris, dévastés et passant tour-à-tour des catholiques aux huguenots , et des huguenots aux catholiques , tous subirent le fléau des discordes civiles et religieuses. Si le rôle de Suze fut moins actif et moins retentissant , il le dut à une sage prévoyance et aux heureuses conditions de résistance dans lesquelles il se trouvait. Ses remparts étaient gardés ; au donjon veillait une compagnie toujours prête à repousser l'attaque ; il faut tenir compte aussi de l'influence qu'exerçaient le nom et la position du seigneur de Suze. Les huguenots le redoutaient et une éclatante vengeance attendait le téméraire capitaine qui eut osé mettre le siége devant une place lui appartenant ou ravager les terres de ses domaines.

Des insurrections partielles , des tentatives bientôt comprimées avaient signalé les tendances des réformés. Le baron des Adrets jeté dans leur camp par la rancune et le dépit sut les élever au niveau de sa haine et de sa fureur. Ce qu'il y a de farouche et de sauvage chez ce sectaire de la veille, la campagne de 1562 le révéla. Après avoir mis tout à feu et à sang , le long de la rive gauche du Rhône, il fait sauter la garnison de Pierrelatte du haut d'un rocher, et fier de ses triomphes, pénètre dans le Comtat, comme un torrent dévastateur. Cependant l'anxiété vient tempérer son ardeur et lui impose une marche rétrograde ; craignant d'être enveloppé par les troupes qui arrivaient de Provence, il lève le siége d'Apt , assure toutefois ses derrières et remonte laissant à Pernes, à Mazan , à Baume et à Sainte-Cécile des traces de sa cruauté. Suze lui apparaît et surexcite des

convoitises non assoupies ; mais le château ne
pouvait être emporté d'un coup de main et la
bravoure du gouverneur lui faisait redouter
l'issue d'un siége ou d'un blocus ; c'était un
Italien, gendarme du prince de Salernes, in-
capable de composer avec les huguenots. Il
passa outre, alla droit vers Bolène, où il can-
tonna trois compagnies d'infanterie, disposa le
reste de son armée à Bagnols, à Pont-Saint-
Esprit et à Pierrelatte et prit le chemin de Valence, escorté de sa seule cavalerie (1).

L'éloignement du trop célèbre baron fut suivi
d'un peu de calme ; un instant désertée, l'aréne
cessa de retentir du bruit des armes ; vainqueurs
et vaincus se reposaient les uns pour réparer
leurs pertes, les autres pour savourer la joie de
leurs succès ou les consolider. François de la
Baume n'ignorait pas ce qu'avait de précaire
et d'incertain la durée de ce répit ; c'était une
halte ; bientôt allaient se rouvrir les barrières
du champ-clos. Il s'empressa donc de pourvoir
aux éventualités en fortifiant les points menacés. Deux cents cavaliers mis à sa disposition
pour la défense du Comtat et son propre régi-
ment furent casernés à Baume, à Masan et en
divers lieux. Il augmenta encore de trente
lances italiennes la garnison du château de
Suze. Aidés de ce renfort et retranchés eux-
mêmes aux pieds d'un boulevard qu'ils ne con-
templaient point sans orgueil, les habitants pu-
rent braver le péril, tenir en échec les calvi-
nistes et jouir à l'intérieur d'une paix voisine

(1) *Histoire des Guerres du Comtat*, tome I, page
171.

de la sécurité; leurs campagnes seules étaient exposées au pillage et à la dévastation (1).

En 1564, le voyage de Charles IX vint pour eux briser la monotonie d'une existence à la fois étrangère aux émotions de la joie et aux angoisses de la douleur. Ce voyage avait pour but la pacification des contrées ravagées par une guerre opiniâtre et acharnée qui réduisait le peuple à de cruelles souffrances et absorbait au profit des passions haineuses toutes les forces vives du pays. Le séjour du prince en Dauphiné emmena la suspension des hostilités; catholiques et huguenots lui exposèrent leurs plaintes et leurs griefs; mais les prétentions des uns et la ténacité des autres étaient autant d'obstacles à un rapprochement durable et sérieux. Charles IX passa par la Garde-Adhémar, où l'attendait le baron de la Garde si connu sous le nom de *capitaine Paulin*. C'était au mois de septembre; de là il s'achemina vers Suze que de hautes considérations avaient également désigné comme devant faire partie de son itinéraire. L'énumération des personnages composant sa suite présente un vif intérêt et nous donne idée de l'éclat, de la pompe et de l'affluence avec lesquels dut s'accomplir cette entrée. On remarquait dans le brillant cortége du roi, la reine mère, le duc d'Anjou son frère, Marguerite de France, sa sœur, le prince de Navarre, le duc et la duchesse de Savoie, le connétable de Montmorency, les cardinaux de Bourbon, de Guise et de Joyeuse et les plus grands seigneurs de la cour. Aux magnificences

(1) *Id.*, 186.

de la réception , aux ébats d'une foule en liesse succéda une fête empreinte d'un caractère plus grave et plus solennel. Les splendides salles du château étaient muettes et silencieuses; leurs hôtes couronnés, princes, cardinaux, nobles dames, nobles chevaliers, avaient franchi le seuil de l'église paroissiale. Charles IX et Catherine de Médicis allaient tenir sur les fonts baptismaux une fille de François de la Baume, laquelle fut appelée Charlotte-Catherine. La faveur dont jouissait le seigneur de Suze , la cérémonie du baptême et les puissants attraits d'une hospitalité qui savait enfanter des merveilles , tout concourait à retenir le jeune monarque à Suze ; il est donc probable qu'il y demeura plusieurs jours ; d'ailleurs, les enseignements de la tradition corroborent cette conjecture en nous montrant Charles IX jouant à son jeu favori dans un bâtiment isolé , mais encore aujourd'hui nommé *jeu de paume* (1).

La royauté ne fut pas ingrate envers François de la Baume ; déjà il avait été fait chevalier de l'ordre de Saint-Michel et promu à des emplois qui attestent son habileté , son courage et son énergie à l'encontre des factieux. Ses services et son dévouement furent de nouveau reconnus par l'octroi d'une distinction glorieusement acquise. Charles IX publiait au mois de décembre de l'an 1572 des lettres patentes incorporant à la baronie de Suze la baronie de Barbaras, la Garde-Pariol , Rochegude , la seigneurie de l'Estagnol , de Saint-Torquat et de la Roquette et portant création de cette baronie

____

(1) *Id.* Ier, 254.

en comté avec tous les honneurs, droits et prérogatives attachés à ce titre (1).

La rareté des faits propres à réveiller l'attention semble constituer pour le chroniqueur l'obligation de recueillir les plus légers incidents touchant l'histoire locale. Dans cette catégorie doit être placé naturellement un épisode des troubles de la Réforme ; car il eut lieu en 1575, près du bourg de Suze, et mit les habitants en émoi. Chargé de négocier la paix, le comte essaya vainement de s'aboucher avec Montbrun ; celui-ci, peu désireux de conclure un traité qui l'enchaînerait au repos, évita sa rencontre et refusa d'entrer en conférence, alléguant des prétextes mensongers. Se retirer après des démarches infructueuses était un devoir pour le plénipotentiaire ; mais il comptait sans l'astucieuse perfidie de ses adversaires. Pendant qu'il revenait sur ses pas, il est soudainement attaqué par cinquante cavaliers que Glandage (2) avait apostés en vue de le surprendre ; comme il était seul avec quelques domestiques, il battit en retraite et se réfugia dans le château de Suze, abandonnant une partie de son équipage aux auteurs de l'infâme guet-apens (3).

Ses erreurs et son culte, le calvinisme les avait imposés aux communautés voisines ; mais il n'avait pu recruter un prosélyte à Suze, bourg constamment fidèle à la bannière de ses aïeux. Cet inviolable attachement qui était comme un

(1) Archives de la chambre des comptes du Dauphiné.

(2) Capitaine huguenot.

(3) *Histoire des guerres du Comtat*, t. II, p. 106.

reproche et un défi jetés à la face des renégats, faillit être soumis à une rude épreuve pendant l'année 1577. Depuis longtemps les huguenots en garnison à Tulette vivaient de rapines et d'exactions ; depuis longtemps ils parcouraient le territoire de Suze, enlevant le bétail, rançonnant les tenanciers et brûlant les métairies. Ils venaient de piller Saint-Paul et attirés par l'espoir d'un riche butin, ils se disposaient à faire le siége de Suze ; mais le comte informé de ce péril arrive de Ménerbes et dissipe ces bandes peu jalouses de se mesurer avec lui (1).

Les événements ramenèrent une seconde fois Catherine de Médicis dans nos contrées (2). Partie d'Avignon le 14 juillet de l'an 1579, elle vint coucher à Suze le lendemain et y trouva le même accueil et le même empressement. La reine-mère avait pacifié la Provence et calmé les dissentions ; cependant un autre fléau allait prendre la place du fléau par elle un instant conjuré. La disette était générale dans le Comtat et le Dauphiné ; des approvisionnements coûteux, des magasins de blé atténuèrent en quelques lieux et momentanément les horreurs de la famine ; mais les ressources n'étant plus à la hauteur des besoins, elle s'aggrava et fit éclore une épidémie qui sévit durant plusieurs mois, promenant ses hideux ravages de ville en ville, de communauté en communauté.

En ces jours de deuil et de calamités, Suze eut sa part de victimes, d'angoisses et de souffrances. Une nouvelle épreuve l'attendait en

(1) *Id.*, 210.

(2) *Id.*, 252.

1587 ; les huguenots venaient de reprendre
Montélimar après un combat acharné livré
sous la *tour de Narbonne* et où périrent de vail-
lants gentilhommes , l'élite du parti catholique.
François de la Baume était de ce nombre ; la
tradition attache aux derniers moments de ce
héros une circonstance dont la peinture s'est
heureusement inspirée. Pressé , harcelé et tout
couvert de blessures, il recueille ce qui lui
restait de forces, sort de la ville et s'achemine
vers Suze en disant à sa haquenée , elle aussi
blessée : *Allons, ma grise, allons mourir à Suze !*
Il mourut sur les bords du Lez, en face du
château de ses pères (1).

Peu de vies ont été si noblement remplies que
celle du comte de Suze ; succesivement nommé
chevalier des ordres du roi, conseiller en son
conseil privé, capitaine de cinquante hommes
de ses ordonnances, amiral des mers du Levant,
gouverneur de Provence et général des troupes
du Comtat , ses talents et sa valeur militaire
firent de lui un des plus grands hommes de
son siècle. Il avait assisté à cinquante-quatre
combats et triomphé en plusieurs occasions de
la bonne fortune de des Adrets et de la rare
intrépidité de Montbrun ; égal à ses adversaires
par sa bravoure et son mérite guerrier, il les
surpassait par la noblesse et le chevaleresque de
ses sentiments. Le baron des Adrets l'ayant un jour
défié , il le terrassa d'un coup d'épée, puis il
demanda à ce rival vaincu ce qu'il ferait, lui,
en pareille occasion. — Je t'achèverais ! répon-
dit le chef calviniste. La Baume le fit relever et

(1) *Histoire du Dauphiné*, par Chorier, II, 721.

l'entoura des soins et des égards réclamés par la gravité de sa blessure (1).

La journée du 20 août ne fut point seulement fatale à Montélimar ; maîtres de la ville et flattés d'une victoire inespérée, les huguenots se répandent dans les environs, pillant et rançonnant les villages ; tout cède à leurs exigences tyranniques. Cependant la résistance s'organise à Suze ; en vain Blaçons somme les habitants de lui livrer les taxes prélevées sur les communautés voisines ; en vain il les menace de l'argument du plus fort, en leur montrant ses soldats ; ils refusent et semblent lui dire : Si *tu veux* nos pistoles, viens les prendre ! Furieux de voir ses ordres méconnus, le capitaine huguenot donne le signal de l'attaque, bat les murailles, ouvre une brèche et pénètre enfin le 51 du même mois, dans l'intérieur du bourg qu'il dévalise sans merci ; restait à soumettre le château : mais Blacons n'osa ni l'assiéger, ni le bloquer ; car il y avait là haut des hommes d'armes prêts à venger la mort du comte et la captivité de son jeune fils (2).

Les avantages naguère obtenus par les réformés, dans le bas-Valentinois, étaient moins un signe de vitalité qu'un symptôme assuré de décomposition ; leur force déclinait rapidement malgré de suprèmes efforts tentés pour la raffermir. Une puissante association née du désir d'éloigner un prince hérétique du trône de

(1) Voir dans l'*Album du Dauphiné* un article du marquis de Laincel.

(2) Rostaing de Suze avait été fait prisonnier à Montélimar. — *Hist. du Dauphiné*, II, 721.

saint Louis, la ligue triomphait enchaînant les provinces à sa cause. Elle fut battue, il est vrai, par Henri de Navarre; mais en 1596, l'abjuration du vaillant Béarnais la dédommageait amplement de ses échecs. Aux huguenots, l'édit de Nantes assura bientôt le libre exercice de leur culte, la participation aux fonctions publiques et tous les bénéfices d'une existence reconnue par l'Etat. Désarmer les partis, mettre fin aux troubles qui agitaient nos contrées, depuis quarante ans, faire fleurir la paix, le commerce et l'agriculture, telle fut la tâche de Henri IV.

Partout renaissent l'ordre et la sécurité; partout s'opère un mouvement de rénovation sociale. La communauté de Suze concentre ses efforts, ravive les sources du bien-être si longtemps taries et se laisser aller à de généreux instincts. La joie était rentrée en chaque foyer avec l'aisance; les champs avaient repris cet aspect de vie que donne le travail; seules les ruines d'églises, de chapelles rurales et de métairies attristaient encore les regards. Peu à peu disparaissaient les traces d'un passé douloureux, lorqu'en 1629 la peste ramena la désolation, la misère et la souffrance au sein des habitants. La Provence, le Comtat et le Dauphiné payèrent un large tribut à cet ennemi insaisissable qui, à travers les bourgs et les villages, marchait par des voies mystérieuses et vainement recherchées. Les portes de Suze furent fermées et gardées; un *conseil de santé* veillait à l'isolement des personnes atteintes du fléau; mais les ravages progressant, la population eut recours à des moyens plus efficaces et ces moyens elle les demanda aux inspirations d'une foi que n'avaient pu attiédir les sarcasmes et les blasphêmes des hérétiques. L'établissement de la confrérie de Saint-Sébastien, un des patrons de la paroisse, témoignait de la dévotion des aïeux envers ce saint, l'espoir et le salut des pestiférés. Héritiers d'une ferveur et d'un culte souvent bénis du ciel, les petits-fils implorèrent son assistance et recueillirent dans les élans de la prière force, courage et résignation.

Quand l'éloignement du fléau eut dissipé toute crainte, le développement des intérêts matériels reprit son essor, favorisé par la dure nécessité de faire trève à d'amers souvenirs en reportant des forces affaiblies sur les labeurs de l'agriculture et de l'industrie. L'amour du pays natal n'avait pu soustraire tous les monuments religieux à cet esprit de haine et de vandalisme, inhérent aux doctrines de Calvin et qui souffla, comme un ouragan, pendant un demi-siècle de luttes et de convulsions intérieures. Les églises de Saint-Bach et de Sainte-Lucie, les chapelles de Saint Quenin et de Saint-Sauveur n'existaient plus; des décombres solitaires, des murs sans toiture, des pierres éparses trahissaient l'œuvre d'une main sacrilége. Le prieuré de Saint-Torquat révélait, lui aussi, une splendeur évanouie; près du sanctuaire délabré et mutilé gisaient les ruines de la maison claustrale attendant une restauration lente à venir. Des Bénédictins étaient encore là remplissant les fonctions curiales; mais leurs biens étaient amoindris et la pauvreté des tenanciers ne leur permettait guère de relever avec éclat leur établissement déchu. Le fanatisme des huguenots avait voulu détruire les croyances, en détruisant leurs emblêmes. Ces croyances survivaient et, sous leur empire, s'élevèrent deux chapelles et une institution née de nouveaux besoins. L'une avait été fondée par le comte de Suze en l'honneur de Saint-Michel ; l'autre portait le vocable de Sainte-Marie et Saint-Joseph. La confrérie des Pénitents du Confalon fut érigée en 1650, avec des conditions qui proclamaient sa popularité. Un état des revenus ecclésiastiques daté de 1704 va nous éclairer sur la position faite aux bénéficiers de la paroisse. Le prieuré de Suze rendait alors 824 livres ; celui de Saint-Torquat, 150 ; la cure, 554 ; la chapelle de Saint Jean-Baptiste, 45 ; celle de Sainte-Marie et de Saint-Joseph, 100 ; celle de Saint-Antoine-de-Padoue, 200 ; celle des Pénitents, 55 (1).

Suze avait reconquis ou fortifié tous les éléments divers, toutes les institutions dont se compose le bien-être physique et moral. Les registres consulaires déposent en faveur d'une longue série d'années calmes et prospères. Un cri d'alerte poussé en 1721 résume, à lui seul, les faits accomplis en dehors de sa vie intérieure et municipale. La peste ravageait le midi et changeait Marseille en une vaste nécropole. Au fléau qui montait, caché dans les bagages des fugitifs, on opposa une muraille de soldats et de paysans enrôlés. Toutes les communautés voisines furent mises à contribution et durent fournir leur part d'hommes et de dépenses. Le

(1) Archives de Saint-Paul.

contingent de Suze au cordon sanitaire destiné
à préserver le Dauphiné s'éleva à quarante-huit
habitants valides et façonnés aux exigences du
service militaire. Dès la première rumeur, le
bourg changea son allure pacifique et revêtit
l'aspect d'une place assiégée; nuit et jour, une
milice organisée par quartier veillait aux portes,
éloignant toute personne et toute chose sus-
pecte de venir des régions infestées. L'anxiété
des esprits empruntait aux souvenirs non éteints
de la contagion de 1629 ce caractère de morne
résignation et d'abattement qui précède les
grands calamités. Mais le roi des épouvante-
ments restreignit les bornes de son empire, et,
satisfait des terreurs soulevées à son approche,
se retira en de lointains pays. Marseille et la
Provence avaient soldé la rançon du Dauphiné.
Un ardent patriotisme, le retour de la tranquil-
lité et le dévouement aux intérêts généraux
effacèrent promptement les charges et les em-
prunts nécessités par l'entretien des troupes et
des corps-de-garde (1).

A la fin du dix-huitième siècle se rattache un
de ces actes dont était coutumière la famille seigneuriale. Jusque-là, ni soins, ni secours n'a-
vaient manqué aux pauvres et aux infirmes; la
piété des châtelains, la charité de tous y pour-
voyait dans l'ombre et le silence. Cependant,
pour qu'une seule douleur ou une seule infor-
tune ne fut point exposée à l'abandon et à l'ou-
bli, la comtesse de Suze, sœur du célèbre amiral
le bailli de Suffren Saint-Tropez et messire Ar-
naud, curé de la paroisse, mettant en commun

(1) Archives de Suze.

leurs efforts et leurs sacrifices, fondèrent un
hospice et le dotèrent de biens-fonds et de
rentes produisant un revenu annuel de trois
cents livres. Il fut confié en 1775 au zèle de
religieuses aggrégées à l'institut du Saint-
Sacrement. Là finissent les annales de Suze ; car
la Révolution de 1789 va éclater et asseoir une
nouvelle société sur les ruines et les débris de
l'ancienne. Il se voit dépouillé de son antique
judicature; les faibles vestiges de la féodalité,
en disparaissant par la violence, laissent heureusement subsister une chaîne plus douce, celle
des bienfaits, qui continua les traditions du
passé et servit de trait d'union entre le bourg
et le château. Enfin, après de nombreuses pé-
ripéties, il sort du gouffre où tout se moulait
avec le titre de commune. Les efforts tentés
pour en faire un chef-lieu de canton échouent
contre des influences rivales et le réduisent à
un rôle secondaire.

Suze est aujourd'hui annexé au canton de
Saint-Paul-Trois-Châteaux ; sa population, qui
est d'environ deux mille âmes, se livre avec
succès à la culture de la vigne, du mûrier, de
la garance et des céréales. Si la pureté de l'air,
si la grâce et la fraîcheur, la verdure et le pit-
toresque sont un titre à l'admiration des tou-
ristes, Suze peut lutter avec les lieux les plus
en renom, au point de vue du paysage et des
beautés naturelles. De quelque côté qu'on l'en-
visage, il saisit, captive et enchante le regard.
En face de ce tableau digne de l'attention d'un
Claude Lorrain, l'âme s'isole du monde actuel,
évoque le passé, et, remontant le cours des
siècles, rêve de mœurs et d'institutions qui ne

sont plus. Pour l'archéologue, il croit avoir sous les yeux un village féodal avec ses toits étagés, ses remparts et son château-fort ; l'intérieur du bourg, la physionomie des rues, la forme des maisons ; tout lui rappelle le moyen-âge et tout concourt à entretenir son illusion.

Quoique délaissée et veuve des crérémonies du culte, la vieille église prieurale réveille encore l'intérêt et semble protester contre son abandon ; elle est d'un style simple, comme l'étaient la plupart des églises rurales appartenant à la deuxième période du roman. La corniche faisant saillie à la naissance d'une voûte en berceau constitue la seule sculpture dont l'ait parée l'architecte. Dès le principe, on y entrait par une porte latérale, celle du cloître ; long-temps après, on ouvrit sur la rue un portail auquel il ne faut rien demander, sinon une ornementation accusant le déclin du tiers-point. Deux arceaux mettent la nef en communication avec la chapelle de Saint-Jean-Baptiste, jeune sœur née au seizième siècle et chargée d'une toilette ogivale qu'elle oppose orgueilleusement à la pauvreté de son aînée. Une tour d'une assez piètre structure est là debout près de l'église, comme une sentinelle placée au seuil d'un camp désert ; elle est vide de cloches et de gais carillons ; mais sa plate-forme surmontée d'une cage en fer lui conserve les honneurs d'un édifice d'utilité publique (1). La chapelle de Saint-Joseph est de nos jours encore affectée aux réunions des Pénitents du Confalon ; son unique

(1) Elle renferme l'horloge.

richesse artistique consiste dans un tableau d'une belle exécution.

L'ancien presbytère est un type du luxe autrefois introduit dans les habitations ; revêtement en pierres de taille, escalier en colimaçon, croisées jumelles, sculptures délicates, guérite ou lanterne accolée aux flancs de la façade, tout révèle les inspirations de l'époque où il fut construit. Deux dates, 1512 et 1549, sont gravées sur la porte d'entrée et sur une tourelle voisine. Chaque rue offre des traces d'une architecture qui ne fut point sans grandeur. Le quartier le plus élevé a gardé presque intacte sa configuration primitive ; vivant aux pieds du donjon, emblème d'autres mœurs et représentant d'un autre âge, quelques familles ont moins senti l'influence des temps modernes, et leurs habitudes comme leurs demeures n'ont point changé de caractère.

Malgré les années et les révolutions, le château, vu dans son ensemble, nous représente encore le manoir de ces hauts et puissants barons auxquels il ne manquait que le titre de roi. Il n'a rien perdu de la majesté des jours de chevalerie, mais, considérés un à un, ces balcons, ces tours, ces façades laissent apercevoir de malencontreuses restaurations et un défaut d'harmonie facile à éloigner. Les créneaux ont disparu ; des fenêtres à la *française* remplacent ces ouvertures dont l'origine, la forme et le nom rappelaient les croisades. A l'intérieur, sur une vaste cour bordée de galeries et d'arceaux, s'épanouissent toutes les merveilles de la *renaissance*. L'escalier et les salles se développent dans des proportions grandioses, étalant aux regards une décoration somptueuse et pleine de bon goût. Lorsqu'on visite ce monument, unique peut-être en Dauphiné pour le genre de sa structure et son état de conservation, lorsqu'on rapproche son rôle, à travers des siècles d'agitation, de son rôle actuel, on dirait un vieux guerrier qui a déposé sa couronne et une partie de son armure, afin de mieux goûter les douceurs d'une vie calme et sans périls.

Les la Baume de Suze ne sont plus ; ils avaient pour armes : *d'or à trois chevrons de sable, au chef d'azur chargé d'un lion naissant d'argent couronné d'or et lampassé de gueules*, et pour devise : *Dulce et decorum est.* Une alliance a fait passer le château et ses dépendances dans la famille des Isnards, race ancienne et déjà illustre en 1215 ; depuis cette époque leur nom figure mêlé avec les plus glorieux noms du Comtat et du Dauphiné (1).

Un étang de vingt-cinq hectares de superficie, l'église de Saint-Torquat, précieux legs des Bénédictins, la chapelle de Saint-Michel et de nombreuses ruines çà et là éparses font encore du territoire de Suze un champ d'explorations pour le naturaliste et l'antiquaire. La légende embellit de ses charmes quelques mas autrefois consacrés par la présence d'un oratoire, d'un castel ou d'un hameau ; à cette légende il ne faut pas demander, il est vrai, les secrets du passé, les enseignements de l'histoire ; souvent elle suit une fausse route ; mais si elle environne de poésie, d'émotions et de

____

(1) Pithon-Curt. — *Hist. nobiliaire du Dauphiné*, par Chorier.

souvenirs un lieu solitaire et abandonné ; mais si elle est un reflet des mœurs, pourquoi la dédaigner et la rejeter ?

Les ruines du village et du château de l'Estagnol doivent leur célébrité à une erreur acceptée sans contrôle ; on les a prises pour celles d'une maison de Templiers. L'ordre ayant été supprimé, chaque nuit, comme une âme en peine, rôdait un chevalier proscrit ; ses apparitions semaient le trouble aux environs ; une mystérieuse terreur s'emparait des esprits et nul n'osait approcher de cet asile, lorsqu'un habitant de Suze, nommé André, parvint à saisir le fugitif. En faisant aussi intervenir la fameuse chèvre d'or massif, la tradition perpétue une croyance généralement répandue et d'après laquelle de riches trésors étaient cachés sous les décombres des monastères des Templiers.

Un usage bizarre, dont la source échappe à toute investigation, marquait autrefois les processions conduites à Saint-Sauveur, aux jours des Rogations. La foule s'agenouillait pieusement au milieu des débris vénérés de la chapelle, sollicitait de tièdes ondées, d'abondantes récoltes, puis a son retour faisait une halte en face du Lez ; alors jeunes filles et jeunes gars jetaient des pierres dans le torrent. C'était le dernier acte du drame religieux ; mais il était obligé et le succès des prières en dépendait.

Si la vieille enceinte témoigne des œuvres du passé, le faubourg proclame les œuvres du présent et redit hautement les efforts de l'administration pour continuer la tâche de ses devanciers et satisfaire aux exigences de ses nouveaux

besoins. La halle, le cours planté d'arbres (1),
des constructions modernes, l'église récemment
ouverte aux exercices du culte paroissial consti-
tuent une transformation qui tend à absorber
la vie et le mouvement au profit de ce faubourg.
Lorsque de graves motifs déterminèrent la mu-
nicipalité à déplacer l'église, elle vota une
somme très-considérable et la population sanc-
tionna avec joie un projet auquel elle attachait
l'idée d'un monument qui serait la gloire de la
commune. Des plans corrigés et refondus, il en
sortit un édifice à l'allure prétentieuse. L'architecte y a mis partout du grec et du romain ; cependant les types à consulter, les modèles de
l'art chrétien ne lui faisaient pas défaut, il eut
pu les suivre et doter la paroisse sans aggraver
ses charges, d'une église ou toute romane ou
toute ogivale. Toutefois, il faut le dire, son
œuvre n'est point une vulgaire conception, sans
mérite. Le clocher est adossé à la façade occi-
dentale ; il manque d'élévation et se termine
d'une manière assez disgracieuse ; des pilastres
d'ordre ionique supportent en effet la corniche
d'un toit à quatre pentes, ce hideux diminutif
de la flèche aérienne. On entre par un portail
à plein cintre décoré d'un fronton grec ; deux
rangées de colonnes toscanes divisent l'intérieur
en trois nefs de cinq travées chacune. L'abside
et le transsept n'offrent aucune ornementation
particulière ; mais les voûtes des nefs sont parées

(1) Ce Cours, la Salle d'Asile, le Presbytère, la restauration de la Mairie sont dus à l'initiative de M. André,
maire actuel, soutenu du généreux concours de MM. Plan-
tier, adjoint, et Habault, notaire.

de nervures et coupées par autant d'arcs-dou-
bleaux qu'il y a de travées. Quelques tableaux
de facture moderne, des vitraux coloriés,
des autels en marbre, un mobilier décent et
pardessus tout, une nuance générale de blan-
cheur inspirent à cette église un cachet de co-
quetterie qui ne sied point mal à la jeunesse.

L'antique confrérie de Saint-Sébastien sub-
siste encore, comme pour lier la vieille église
à la nouvelle. Elle se compose d'environ deux
cents personnes et renouvelle chaque année le
spectacle d'une fête pleine d'attraits et d'émotions. Quand arrive le 20 janvier, jour consa-
cré à honorer le glorieux patron, un grand
concours se fait et là, au milieu d'un profond
silence, le curé met à l'enchère le titre de roi
et de reine, de prince et de princesse, de duc
et de duchesse, d'intendant et d'intendante. Ces
charges de la cour de France, ces dignités sont
adjugées à ceux qui offrent le plus de cire ; on
voyait autrefois des compétiteurs acheter cette
royauté sans sceptre et sans couronne, au prix
de quatre-vingts ou de cent livres de cierges.
Les autres dignités se vendaient à l'avenant ;
l'empressement à ce marché de fonctions pieusement convoitées enrichissait la chapelle et
l'église d'un trésor d'où émanaient de brillantes
illuminations, aux grandes solennités. Fidèles
à cet usage venu des aïeux, les habitants de
Suze y goûtent d'innocents plaisirs, dont à leur
tour jouiront des successeurs avides des mêmes
émotions, parce qu'ils auront appris, dans les
enseignements et les traditions du foyer pater-
nel, la vénération pour le culte et la confrérie
de Saint-Sébastien.

Avec son organisation forte et vigoureuse, ses écoles, son hospice, ses établissements municipaux, avec un territoire vaste et susceptible d'améliorations, Suze a pris rang au sein des communes les mieux partagées du département. Déjà siége d'une cure et d'un bureau de poste, il vient d'être l'objet d'une mesure qui l'assimile aux chefs-lieux de canton en l'assignant pour résidence à une brigade de gendarmerie à cheval. La route du Pont-Saint-Esprit aux Alpes et celle de Pierrelatte s'embranchent dans le faubourg et semblent encore le convier à une prospérité et à un développement qui rejailliront en bien-être sur l'avenir.

FIN.

Valence. — Impr. E. Marc Aurel, r. de l'Université.